ひろみち&たにぞうの 帰ってきた運動会!

世界文化社

運動会小物の制作アイデア

5歳児 **団体**

競技 ▶ P.44

BGM >>> 獅子舞 −SHISHIMAI− 楽譜 ▶ P.66

燃えあがれ！ ししまいリレー

作る小物　作り方 P.8　型紙 P.70

〈獅子〉

獅子を踊らせながら
かっこよく走りましょう！

フレー！！

フレー！！

かっこいいね！

競技 ▶ P.38

4 歳児 個人

BGM >>> ポンポコ リンリンリン 楽譜 ▶ P.64

おにぎり3つゲットだぜ！

丸・三角・四角の
おにぎりを
集められるかな？

作る小物 作り方 P.7

〈おにぎり3種〉
四角
三角
丸

〈リュック〉

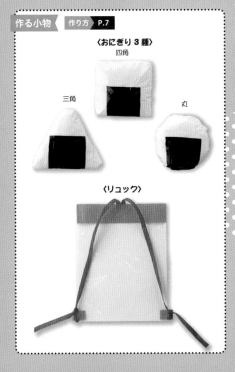

3つ
ゲット！

四角い
おにぎり！

競技 ▶ P.32

3 歳児 個人

BGM >>> ウ〜！ウォンバット 楽譜 ▶ P.58

進め！ ウォンバット

ウォンバット の
帽子をかぶって
かわいく競走です。

ダンスの衣装にも
使えるよ！
ダンス ▶ P.14

ウ〜！
ウォンバット！

作る小物 作り方 P.7

〈ウォンバット帽子〉

3

王様・殿様にお届けだ！

王様チームは剣、殿様チームは刀を
バトンにした異年齢児リレーです。

作る小物 〔作り方 ▶ P.8〕 〔型紙 ▶ P.70〕

〈剣〉

〈刀〉

※〈城コーン2種〉も作ります。

追いつくぞ！

負けないぞ！

4

作る小物 作り方 P.6 型紙 P.70

〈冠〉

競技 ▶ P.26

0・1
歳児 親子

（CD「ぎゅっぎゅっぎゅ〜！」より）
BGM >>> ぎゅっぎゅっぎゅ〜！

親子で
ぎゅ〜♡

かわいい冠は、
ゴール後のプレゼントです。

がんばって
ゴールしたら
もらえたよ♡

1・2
歳児 親子

（CD「ぎゅっぎゅっぎゅ〜！」より）
BGM >>> みんなのせんたくもの

競技 ▶ P.28

はりきり
お手伝いマン

エプロンをつけて
洗濯のお手伝いを
します。

せんたくもの
干せた！

作る小物 作り方 P.6 型紙 P.70

〈エプロン〉

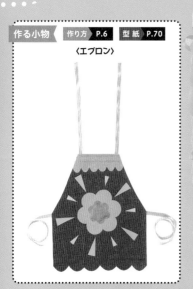

2
歳児 親子

競技 ▶ P.30

（CD「ぎゅっぎゅっぎゅ〜！」より）
BGM >>> オッケー！ロケット

ロケットに
変身だ！

コースを走りながら
ロケットに変身していきます。

ロケット発射だよ！
たかいたかいして！

作る小物 作り方 P.6

〈ロケット帽子〉

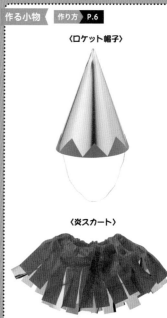

〈炎スカート〉

運動会小物の作り方

親子でぎゅ〜♡

1・2歳児

型紙 P.70

競技種別	親子
写真	P.5
競技ページ	P.26
必要な数	子どもの人数分
材料	カラー工作用紙（本体） 色画用紙 キラキラテープ（装飾） リボン

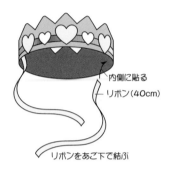

〈冠〉

カラー工作用紙　色画用紙　キラキラテープ

輪にして貼る

48cm

内側に貼る

リボン（40cm）

リボンをあご下で結ぶ

はりきりお手伝いマン

1・2歳児

型紙 P.70

競技種別	親子
写真	P.5
競技ページ	P.28
必要な数	子どもの人数分
材料	カラーポリ袋（本体） 色画用紙 ホイル折り紙（装飾） リボン 透明テープ

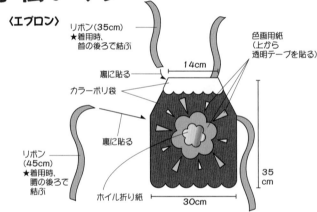

〈エプロン〉

リボン（35cm）
★着用時、首の後ろで結ぶ

色画用紙
（上から透明テープを貼る）

14cm

裏に貼る

カラーポリ袋

裏に貼る

リボン
（45cm）
★着用時、腰の後ろで結ぶ

ホイル折り紙

35cm

30cm

ロケットに変身だ！

2歳児

競技種別	親子
写真	P.5
競技ページ	P.30
必要な数	1コースあたり5組くらい。 または人数分
材料	＜ロケット帽子＞ ホイルカラー工作用紙またはカラー工作用紙（本体） 色画用紙（装飾） 平ゴム	＜炎スカート＞ カラーポリ袋〈赤〉 メタリックテープ〈金〉 平ゴム

〈ロケット帽子〉

半円に切る

円錐形に貼り合わせる

色画用紙

カラー工作用紙
A3判(45×32cm)

直径 16cm

内側に貼る

平ゴム

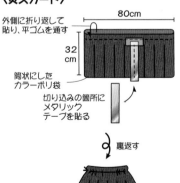

〈炎スカート〉

外側に折り返して貼り、平ゴムを通す

80cm

32cm

筒状にしたカラーポリ袋

切り込みの箇所にメタリックテープを貼る

裏返す

進め！ウォンバット

3歳児

競技種別	個人
写真	P.3
競技ページ	P.32
必要な数	1コースあたり5個くらい。または人数分
材料	フェルト帽子（本体） フェルト（装飾）

〈ウォンバット帽子〉

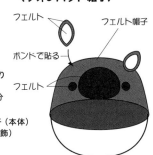

フェルト
フェルト帽子
ボンドで貼る
フェルト

レッツ・トレーニング！

3歳児

〈ダンベルカード・スクワットカード〉

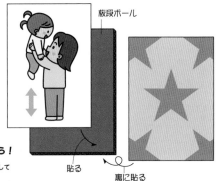

板段ボール

競技種別	親子
競技ページ	P.36
必要な数	各5枚ずつ、計10枚くらい
材料	A4コピー紙 板段ボール

貼る
裏に貼る

ダウンロードはコチラから！

カードのイラストはダウンロードしてプリントしてください。ここからアクセスすると、A4サイズのイラストがダウンロードできます。

https://mywonder.jp/info/29778/
＊ダウンロード期限は、2024年12月31日までになります。

おにぎり３つゲットだぜ！

4歳児

競技種別	個人
写真	P.3
競技ページ	P.38
必要な数	〈リュック〉子どもの人数分　〈おにぎり〉1コースあたり3組（9個）以上
材料	〈リュック〉PP袋（本体）／カラーテープ／リボン　〈おにぎり〉エアパッキン／カラーポリ袋（白・黒）

〈リュック〉

リボン
カラーテープ
PP袋（A4）
カラーテープ粘着面を貼り合わせる
二つ折りにして袋の前後に貼る
リボンを通して結ぶ

〈おにぎり3種〉

エアパッキンを重ねる
12cm
12cm
カラーポリ袋（白）を上から巻いて貼る
カラーポリ袋（黒）で挟んで貼る

★丸と三角のおにぎりも同様に作る

助けて！レスキュー隊

4歳児

競技種別	団体
競技ページ	P.40
必要な数	1コースあたり各1個
材料	〈担架〉棒（つっぱり棒など）／布（ぬいぐるみがのるサイズ）　〈病院コーン〉コピー紙／板段ボール／三角コーン

〈担架〉

布
棒
棒を巻いて貼る

〈病院コーン〉

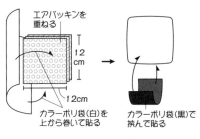

★同じ物を作る（裏面）
挟んで貼る
板段ボールに切り込みを入れる
板段ボールにイラストを貼る
三角コーン

ダウンロードはコチラから！

病院のイラストはダウンロードして拡大プリントしてください。ここからアクセスすると、イラストがダウンロードできます。

https://mywonder.jp/info/29778/
＊ダウンロード期限は、2024年12月31日までになります。

5歳児 燃えあがれ! ししまいリレー

型紙 P.70

競技種別	団体
写真	P.2
競技ページ	P.44
必要な数	1チームあたり 1個
材料	板段ボール クラフトテープ 色画用紙 カラーポリ袋（緑） カラーテープ キラキラテープ・画用紙

〈獅子〉

色画用紙
板段ボール
40cm
40cm
貼る

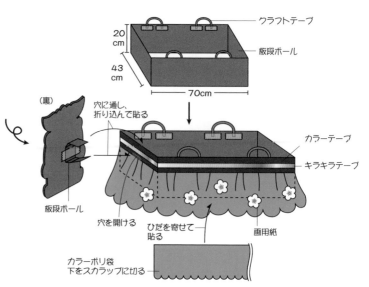

クラフトテープ
板段ボール
20cm
43cm
70cm
カラーテープ
キラキラテープ
（裏）
穴に通し、折り込んで貼る
板段ボール
穴を開ける
ひだを寄せて貼る
画用紙
カラーポリ袋
下をスカラップに切る

3~5歳児 王様・殿様にお届けだ!

型紙 P.70

競技種別	団体
写真	P.4
競技ページ	P.50
必要な数	各1個
材料	<剣・刀> 板段ボール（本体） 色画用紙 カラー工作用紙 キラキラテープ ホイル折り紙 <城コーン> コピー紙 板段ボール 三角コーン

〈剣・刀〉

100cm
キラキラテープ
カラー工作用紙
色画用紙
ホイル折り紙
描く
12cm
★「剣」も同様に重ねた板段ボールに貼る
★先端の角を丸く切る
8cm
2枚重ねた板段ボールに貼る

〈城コーン 2種〉

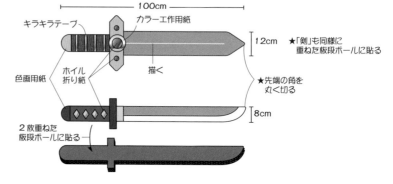

★同じ物を作る（裏面）
挟んで貼る
板段ボールに切り込みを入れる
板段ボールにイラストを貼る
三角コーン
★「西洋の城」も同様に作る

帰ってきた Dance ダンス！

1章

CD ▶ 2　CDマーク内の番号は、キングレコードより発売のCD「帰ってきた運動会！」の
トラックナンバーです。CDに関する詳細は、72 ページをご覧ください。

青空にむかって

運動会が始まります。
心はいつも青空！
「エイエイオー」の
リズムでこぶしを突
き上げましょう！

前奏

笛の合図で行進開始

1番 むねをはって 〜 おうじょさまみたいにさ　うでを

行進する

おおきくふって

両手をひろげ、外・中と4回ずつ振る

あしなみをそろえて　うでを

行進する

おおきくふって

両手をひろげ、外・中と4回ずつ振る

あおぞらにむかって

行進する

1・

左手を腰に、右手をにぎって胸にあてる

2・

右手のこぶしを斜め上にのばす

1・2

Ⓐをくり返す

すす

右手を2回胸にあてる

め！

右手を斜め上にのばす

そらは　あおい

右手の人さし指で斜め上をさす

ぞ

右手を下からぐるっと回して
また斜め上をさす

2番 3番

1番と同じ

4番（間奏）

観客席に向かって手を振り、
行進する

5番

1番と同じ

ボディビルダーになりきって準備体操をしましょう。小さなマッチョマンがたくさん並び、応援席も盛り上がりそう。

まいにちそだてマッチョ

1番 まいにちそだて　　マッチョ　　まいにちそだて　　マッチョ　　かいもの　　かごを

全身をゆするように
ジャンプ

ボディビルのように
ガッツポーズをする

全身をゆするように
ジャンプ

ボディビルのように
手を腰の横で組み、
上半身をひねって ポーズ

足をひろげて立ち、
左手を腰に、右手でかごを
持つ動作をする

体を起こして右手で
ガッツポーズをする

もつきんにくを　　まいにちそだて　　マッチョ　　はんたいのうでも 〜 マッチョ　　まいにちそだてて いたからね　　ムキムキ

B ⓑをくり返す

右腕の曲げ伸ばしを
速くくり返す

体を起こして右手で
ガッツポーズをする

左右逆にして、
ⓑをくり返す

両手を上にのばして
バレリーナのように回る

腰を落として
バーベルを持つ動作をする

ムキムキ　　「よっ！ふじさん」　　**2番** まいにちそだて 〜 マッチョ　　せんたく　　ものを　　ほすきん　　にくを

C

A をくり返す

D

バーベルを肩まで
持ち上げる動作をする

足を前後にひらき、
バーベルを頭上に
持ち上げる動作をする

足をひろげて立ち、
腰を落として、
洗濯物を持つ動作をする

上半身を右にひねって
右上に洗濯物を干す
動作をする

腰を落として、
洗濯物を持つ
動作をする

上半身を左にひねって
左上に洗濯物を
干す動作をする

まいにちそだて マッチョ　　もっと　　たかく　　かかとをあげて 〜 マッチョ　　まいにちそだてて 〜「よっ！こもちししゃも」　　**3番** まいにちそだて 〜 マッチョ

D をくり返す　　**E**

E を3回くり返す　　**C** をくり返す　　**A** をくり返す

テンポをあげて
洗濯物を右上高くに干す

洗濯物を
左上高くに干す

トイレにすわる 〜 マッチョ　　わしきのトイレも 〜 まいにちそだて　　マッチョ　　まいにちそだてて 〜「はい！ズドーン」　　まいにちそだて 〜 マッチョ　　ムキムキ〜

C をくり返す　　**A** を2回くり返す　　

右を向き、手を前にのばして
ひざの屈伸を4回する

ゆっくりとしゃがむ。
おしりをつかないように踏ん張る

立ち上がる

好きなボディビルの
ポーズをする

だるま気分でロケンロー

（準備）
後ろを向き、足を前後にひらく（右足を前に）。左手を背中に当て、右腕で目を隠して、「だるまさんがころんだ」の鬼のポーズで待つ

（前奏）「（だるまさんが）ころんだ！」
足はそのままに、パッと前を見る

（4拍）
ぐっと前をのぞきこむ

（4拍）
のけぞって前を指さす

（6拍）
足をバタバタさせながら両腕を大きくクロールのように回す

（2拍）
足をひらき、手を腰にあてて立つ

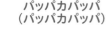

だるま気分で（A）
両手を下から外回しに回して頭の上で輪にする

ロケンロー
ひざを曲げてからジャンプする

パッパカパッパ（パッパカパッパ）（B）
1 2 3 4 5 6 7 8
体の右で手綱を持つように両手をあげ、足をひらいて両足同時に8回ジャンプしながら右へ移動

パッパカパッパ（パッパカパッパ）
1 2 3 4 5 6 7 8
体の左で手綱を持つように両手をあげ、足をひらいて両足同時に8回ジャンプしながら左へ移動

パッパカパッパ〜（パッパカパッパ）
（B）をくり返す

ウキーキウキキとおさるさん
上半身を前に倒し、腰を振る

（ヘイ！ヘイ！ヘイ！）
1 2 3
左手を上におさるのポーズをし、左ひざをかけ声に合わせて3回高くあげる

じっとなんて〜ロケンロー
（A）をくり返す

ウッキキウッキ（ウッキキウッキ）（C）
1 2 3 4 5 6 7 8
右手を上におさるのポーズをし、左足をあげ、右足で8回ジャンプしながら右へ移動

ウッキキウッキ（ウッキキウッキ）
1 2 3 4 5 6 7 8
左手を上におさるのポーズをし、右足をあげ、左足で8回ジャンプしながら左へ移動

ウッキキウッキ〜（ウッキキウッキ）
（C）をくり返す

ピョピョン〜うさぎさん
上半身を前に倒し、腰を振る

（ヘイ！ヘイ！ヘイ！）
1 2 3
両手をうさぎの耳にして頭の上にあげ、左ひざをかけ声に合わせて3回高くあげる

じっとなんて〜ロケンロー
（A）をくり返す

ピョンピョピョ〜（ピョンピョン）（D）
1 2 3 4 5 6 7 8
両手をうさぎの耳にして頭の上にあげ、両足をそろえて8回ジャンプしながら右へ移動

ピョンピョピョ〜（ピョンピョン）
1 2 3 4 5 6 7 8
両手をうさぎの耳にして頭の上にあげ、両足をそろえて8回ジャンプしながら左へ移動

ピョンピョピョ〜（ピョンピョン）
（D）をくり返す

「だるまさんがころんだ」の
かけ声を合図に始まります。
うま・さる・うさぎになりきり
ながらノリノリで踊りましょう。

1番 カキクケこどもは おうまさん	（ヘイ！ヘイ！ヘイ！）	ヒヒーンヒヒンと おうまさん	（ヘイ！ヘイ！ヘイ！）	じっとなんて	してられない

上半身を前に倒し、腰を振る　体の右で手綱を持つように両手をあげ、右ひざをかけ声に合わせて3回高くあげる　上半身を前に倒し、腰を振る　体の左で手綱を持つように両手をあげ、左ひざをかけ声に合わせて3回高くあげる　**Ⓐ** 気をつけをする　体をぐにゃぐにゃ動かす

だるまさんが ころん	だ！（シー！）	間奏	**2番** カキクケこどもは おさるさん	（ヘイ！ヘイ！ヘイ！）

両手はそのままに、跳ねるように足踏みしながら時計回りに1周する　のけぞり、右足を高くあげて止まる　両腕を左右交互に上下に振りながら、体の向きを右から左、左から右へと回す　上半身を前に倒し、腰を振る　右手を上におさるのポーズをし、右ひざをかけ声に合わせて3回高くあげる

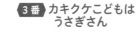

だるまさんが　ころん	だ！（シー！）	間奏	**3番** カキクケこどもは うさぎさん	（ヘイ！ヘイ！ヘイ！）

手の左右を変えながら、跳ねるように足踏みして時計回りに1周する　ひざを曲げ、おさるのポーズで止まる　前の間奏と同じ　上半身を前に倒し、腰を振る　両手をうさぎの耳にして頭の上にあげ、右ひざをかけ声に合わせて3回高くあげる

だるまさんが　ころん	だ！	ワ～！イエーイ！	**ラスト**

両手はそのままに、跳ねるように足踏みして時計回りに1周する　ひざを曲げ、うさぎのポーズで止まる　両腕をクロールのように回しながらかけ回る　「おうま」「おさる」「うさぎ」の好きなポーズをする

ここがキメポーズ！
「だるまさんが
ころんだ」の
遊びのように、
ポーズをキメて
ピタッと
止まってね！

ウ～！ウォンバット

〈前奏〉(4拍)	(4拍)「ウォンバット」	(4拍)	(4拍)「ウォンバット」	(14拍)	(2拍)
		Ⓐ			

両手で顔をかくす / 右足を右に引き、左足のかかとをあげる。両手をひらいて顔を見せる / 両手で顔をかくす / 左足を左に引き、右足のかかとをあげる。両手をひらいて顔を見せる / 前をひっかくように両手を上下に振りながら、跳ねて足踏みする / 止まって気をつけをする

にやけた	かおした	あ・の・こ	ひとめみたなら～あ・の・	こ(4拍)	(4拍)
Ⓑ					

斜め右を向き、右手をあごの横に / 左手もあごの横に / 顔と両手を上下に振りながら体を斜め左へ回す / Ⓑを左右逆にしてくり返す / 右足のつま先を立て、左手を腰にあてる。顔の横で右手の人さし指を立て、首をかしげる / 右足のつま先で地面をトントントンと3回打つ

ラ		みためも	かわいい	ウ～！

両手はそのまま、左足を左斜め前に出し、右足をつける / 右足を右斜め後ろに引き、左足をつける。両手を下から外回しに回して望遠鏡にして目にあてる / 両手の望遠鏡をのぞきながら、左足を左斜め後ろに引き、右足をつける / 小走りに前に出て、後ろに下がるのを2回くり返す。両手は前に出るときに後ろに引き、後ろに下がるときに前に出す

ウォンバット	ー(4拍) とぼけたかおして（ウォンバット）～ウォンバット	間奏(6拍)	(2拍)
Ⓓ ⓓ	Ⓔ		

ⓓをくり返す / Ⓓをくり返す / Ⓐをくり返す

足をひらいて両ひじをあげ、左で2回、右で2回、両手首を上下に回す / 前をひっかくように両手を上下に振りながら、跳ねて足踏みする / 止まって気をつけをする

クマさんみたいな顔のかわいいウォンバットになって、楽しく踊りましょう。どんな動物かは、歌詞をよく聞いてね！

〈1番〉オー　スト　ラリアの　タスマニア

B
b

斜め右を向き、ひじをあげ両手を胸の前に。
ひじを後ろに引いて胸を張る

ひじを戻す

もう一度ひじを引いて胸を張り、戻す

斜め左を向き、
bの動作をくり返す

ちじょうに　おりた　コア

両手を背中にあて、右足を右斜め前に出し、
左足をつける

左足を左斜め前に出し、
右足をつける

右足を右斜め前に出し、左足をつける。
両手を抱っこするように前に回す

ウォンバット　さがしているのよ　ウォンバット　ウォウ　ウォウウォウ　ウォンバット　みつけにくいの

D

①②③④⑤⑥⑦⑧

C

①②　③④

Cをくり返す

①②③④⑤⑥⑦⑧

前へ出ながら片ひざを高くあげ、
両手でつめを立てるようなポーズ

右を向き、左手を腰に、
右手の人さし指で斜め上をさす。
足をのばしたまま跳ねて8歩進む

足をひらいて両ひじをあげ、
右で2回、左で2回、両手首を上下に回す

左を向き、右手を腰に、
左手の人さし指で斜め上をさす。
足をのばしたまま跳ねて8歩進む

2番 3番　さがしているのよ〜（ウォンバット）　ラスト

1番と同じ

D→Eをくり返す

両手を上へ回し、
左足のかかとをあげてポーズ

ここがキメポーズ！

ひじを高く
あげると
ポーズが
キマルよ！

ウォンバット帽子を
かぶって踊るとかわいいよ♡
写真 ▶ P.3　作り方 ▶ P.7

笑顔が決め手だよ！
楽しく踊ってね♪

獅子舞 ―SHISHIMAI―

〈前奏〉こころのおくに　かくれて

る

ししがそろそろ

ハッピのすその端を持った手をひろげて高くあげる。
うつむいてジグザグに舞いながら入場

位置について片ひざをつく

端の人から順にふわりとジャンプする。
ウエーブのようにつぎつぎジャンプ

Ⓐ

（1拍）

手をおろして
気をつけをする

1番 かぜに

右足から前に歩きながら、
両手をそろえて左上から右下に流す

ゆれる

両手をそろえて
右上から左下に流す

はなの

両手をそろえて
左上から右下に流す

ように

ハッ！

左ひざを高くあげ、
右手を上に両手で
前向きの獅子の頭をつくる

あつまる

顔は右を向き、
左手を上に両手で
右向きの獅子の頭をつくる

ちょうのように

手はそのままに、
左足で宙をけりながら
右足ケンケンで右に4歩進む

まい

足をひらいて腰を落とし、
ガッツポーズ

おどれ

顔は左を向き、
右手を上に両手で
左向きの獅子の頭をつくる

まいおどれ

手はそのままに、
右足で宙をけりながら
左足ケンケンで左に4歩進む

Ⓑ

なら

両手を
右斜め上でとめる

せ

ギャロップで右に進みながら
斜め上でたいこを打つ

Ⓒ

きみのこどうよ　もえあがれ

Ⓑを
左右逆にくり返す

いわをくだく　ししになれ

ジャンプしてから姿勢を低くして
時計回りに回る

間奏（16拍）

ハッピのすその端を持った手をひろげて高くあげる。
うつむきながら列をつくって縦に並ぶ

（48拍）

先頭の保育者が舞うように踊り、
後ろの子がつぎつぎまねて踊る

（8拍）

もとの位置に戻り、
手をおろしてハッピを整える

ハッピを着て獅子舞の獅子の
ようにいさましく踊りましょう。
間奏は保育者も加わり、先頭
に立って踊ります。

めをさま

手をおろし、
立ち上がり前を向く

す

えりをつまんで
ハッピの乱れを直す

ハッ！
A
足をひらいて腰を落とす。
顔は右を向き、左手を上に両手で
右向きの獅子の頭をつくる

ハッ！

小さく跳んで左を向き、
右手を上に両手で
左向きの獅子の頭をつくる

ハッ！

小さく跳んで前を向き、
左手を上に両手で
正面向きの獅子の頭をつくる

まい

左足から後ろに下がりながら、
両手をそろえて右上から左下に流す

おどれ

両手をそろえて
左上から右下に流す

まいおど

両手をそろえて
右上から左下に流す

れ

右ひざを高くあげ、
左手を上に両手で
前向きの獅子の頭をつくる

はなに

足をひらいて腰を落とし、
ガッツポーズ

ここ
B
たいこのバチを持つようにして、
右足と右手を右に出す

ろの

左足と左手を左に出す

たい

足を閉じ、両手を上へ

こ

足をひらいて腰を落とし、
両手のバチで下を打つ

うち

両手を下から左〜上に回す

ハッ！

左ひざを高くあげ、
右手を上に両手で
前向きの獅子の頭をつくる

間奏

Ａ をくり返す

2番
1番と同じ

ここがキメポーズ！

ヤーッ！

大きな
かけ声で、
力強く
ししのポーズを
キメてね！

（16 拍）
Ａ をくり返す

3番
1番と同じ

へいわのたいこ 〜 ししになれ
Ｂ → Ｃ をくり返す

ヤーッ！

時計回りにもう1周し、
正面を向いてポーズ

かさぶたちゃん♡はがさないで

〈前奏〉（2拍） | （2拍） | （2拍） | （2拍） | （2拍） | （2拍）

ポンポンを両手に持ち、腰にあてて立つ | ひざを払うようにポンポンを振る | 両手を腰にあてて立つ | 左ひじを前に出し、右手のポンポンでひじを払うように振る | 両手を腰にあてて立つ | おでこの上でポンポンを振る

かさぶたちゃん～はがさない | （4拍） | ころんでちがでて | イタタタタ | ひざのすりきず | イタタタタ

A をくり返す

ステップを続けながら、両手を外回しにおろしてポンポンを4回振る | 右を向き、両手を大きく回しながら小走りに進む | 止まって、ポンポンでひざを払うように3回振る。顔は正面を向く | 左を向き、両手を大きく回しながら小走りに進む | 止まって、ポンポンでひざを払うように3回振る。顔は正面を向く

（2拍）かきたい | の | かさぶたちゃん～はがさない | （4拍） | **2番** ころんでちがでて | イタタタタ

A を2回くり返す

腰を左に3回振りながら、ポンポンを3回振る | 足ぶみしながら、両手を上から外回しにおろしてポンポンを8回振る | ステップを続けながら、両手を外回しにおろしてポンポンを4回振る | 右を向き、両手を大きく回しながら小走りに進む | 止まって、右ひじを前に出し、左手のポンポンでひじを払うように3回振る

3番 ころんでちがでて | イタタタタ | おでこのすりきず | イタタタタ | ころんでちがでて～イタタタタ | かゆくても～かきたいの

E をくり返す | **C** をくり返す

右を向き、両手を大きく回しながら小走りに進む | 止まって、ポンポンでおでこを払うように3回振る | 左を向き、両手を大きく回しながら小走りに進む | 止まって、ポンポンでおでこを払うように3回振る

両手にポンポンを持って踊る華やかで楽しいダンス。歌詞もおもしろくてためになるよ！

（4拍）

外回しに手をおろしながらポンポンを4回振る

1番 かさ　　ぶた　　ちゃん

Ⓐ / ⓐ

右手を右肩にあて、右足を右に出し左足をよせる

左手を左肩にあて、左足を左に出し右足をよせる

ステップを続けながら、ポンポンをひざの位置でかいぐりする

きにしない
〜はがさな

ⓑ　ⓐをくり返す

い

足はステップを続けながら、ポンポンを頭の上でかいぐりする

ころんでちがでて
〜イタタタタ

Ⓑをくり返す

Ⓒ

かゆく　　ても　　かいちゃだめ　　かゆく　　ても

正面を向き両手を腰に、足を閉じて立つ

右足を右に出し、右手を前にのばす

腰を右に3回振りながら、ポンポンを3回振る

右足を戻して両手を腰に、足を閉じて立つ

左足を左に出し、左手を前にのばす

ひじのすりきず　　イタタタタ

左を向き、両手を大きく回しながら小走りに進む

止まって、左ひじを前に出し、右手のポンポンでひじを払うように3回振る

ころんでちがでて
〜イタタタタ

Ⓓをくり返す

かゆくても
〜かきたいの

Ⓒをくり返す

かさぶたちゃん
〜はがさない

Ⓐを2回くり返す

（4拍）

ステップを続けながら、両手を外回しにおろしてポンポンを4回振る

かさぶたちゃん
〜はがさない

Ⓐを2回くり返す

きにしない
さわらない
はがさない

ⓑをくり返す

（4拍）

ステップを続けながら、両手を外回しにおろしてポンポンを4回振る

ラスト

足を止め、両手を大きく前に出してポンポンを振る

ここがキメポーズ！

ポンポンを振りながら、顔はいつも正面を見るとカッコイイよ！

19

いっしょにプレイパーク

（前奏）

手拍子しながらその場でかけ足する

1番 でかけよう

かけ足しながら手をつなぐ

（オー！）

外側の手をあげ、内側のももをあげる

いってみよう（オー！）

ⓐ をくり返す

「まずはトランポリンから」〜 とんでゆけ

向かい合って両手をつなぎ、親が子をジャンプさせる

間奏

前奏と同じ

3番 でかけよう
〜 プレイパーク

Ⓐ をくり返す

「ボーリングだ」〜 パーフェクト

親がボウリングのピンになり、子どもがボウリングのまねをする。
親は倒れそうなふりをしたり、倒れたりしてあそぶ

ここは楽しいプレイパーク！親子でいろんな遊びをしてたくさんふれあいましょう！

おやこでいっしょに　　　　　あそぼうよ　プレイ　　　　　パーク

向かい合い、
両手をつないで上下に振る

両手をつないだまま
時計回りにかけ足で回る

正面を向いて止まり、
内側の手はつないだまま足をひろげて立ち、
外側の手でバンザイをする

2番 でかけよう
〜 プレイパーク

「UFO キャッチャーだ」〜 たからもの　　　　　　　間奏

Ⓐをくり返す

前奏と同じ

子どもはひざを立てて座る。親はクレーンゲームのクレーンのように両手をひろげてから、
子どものひざを持ちあげて運びまわる。おろすときはゆっくりと

後奏　　　　　　　　　　ラスト

途中で役割を交替してもいい　　　　　　　親が子をたかいたかいする　　　　ハイタッチしておしまい

ポンポコ リンリンリン

輪になり、中を向いて立つ

〈前奏〉(8拍)　　　　　　　　　　　　　(8拍)

両隣の人におじぎして挨拶する

おなか　ポンポコリン ～ ポンポコ　　　　リン　　　　　おなか ～ リンリンリン　　　おなか　ポンポコリン ～ リンリンリン

1人置きに半数(a)がおなかを左右の手で順にたたきながら中心に向かって跳ねて進む。残りの半数(b)はその場で同じように踊る

輪の中心でおなかを前へ突き出すようにジャンプする

おなかをたたきながら元の位置まで下がる

残りの半数(b)が同じように踊る。(a)はその場で同じように踊る

て　　　　　　　　　　　　　　　　(間奏)　　2番 おいしいおこめたべて ～ おしりふくれた　　　おしり　ポンポコリン ～ ポンポコ

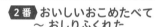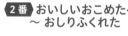

両手でおなかを押さえてから、バンザイして上を見あげる

おじぎをする

Ⓐをくり返す

1人置きに半数(a)がおしりを左右の手で順にたたきながら中心に向かって跳ねて進む。残りの半数(b)はその場で同じように踊る

おこめたべて　　　(間奏)　　3番 おいしいおこめたべて ～ こぶがふくれた　　　ちから　ポンポコリン ～ ポンポコ　　　　リン

Ⓑをくり返す

おじぎをする

Ⓐをくり返す

1人置きに半数(a)が左右の腕を交互に下からガッツポーズしながら中心に向かって跳ねて進む。残りの半数(b)はその場で同じように踊る

輪の中心で片腕の力こぶを前へ突き出すようにジャンプする

1番 おいしいおこめたべて　おなかがふくれた　　おいしいおこめたべて　　　　た
　　　　　　　　　　　　　　　　　　　　　　おなかふくれ

左を向き、右足を下げ左足をつけるようにしてゆっくり下がって歩きながら、
左手に苗を持ち右手で田植えをするまねをする
（全体には反時計回りに回っている）

両手の上下を替えながら
おにぎりをにぎるまねをして、
前に歩く（全体には時計回り）

中を向いて足をひらいて立ち、
両手のひらを上にして
下から上へあげる

おなか　ポンポコリン 〜 リンリンリン　　　　　　　おこめ　　　　　　　たべ

全員、両手同時におなかをたたきながら、
両足同時に跳ねて右に進む
（全体には反時計回り）

止まって、
右手を斜め上にあげる

左手も斜め上にあげる

リン　　　　おしり 〜 リンリンリン　　おしり　ポンポコリン　　おしり　ポンポコリン
　　　　　　　　　　　　　　　　　　　　　〜 リンリンリン　　　　　〜 リンリンリン

輪の中心で
おしりを前へ突き出すように
ジャンプする

おしりをたたきながら
元の位置まで下がる

残りの半数(b)が同じように踊る。
(a)はその場で同じように踊る

全員、両手同時におしりをたたきながら、
両足同時に跳ねて右に進む
（全体には反時計回り）

こぶが 〜 リンリンリン　　ちから　ポンポコリン　　ちから　ポンポコリン　　おこめたべて　　ラスト
　　　　　　　　　　　　　〜 リンリンリン　　　　　〜 リンリンリン

Ⓑをくり返す

左右交互にガッツポーズしながら
元の位置へさがる

残りの半数(b)が同じように踊る。
(a)はその場で同じように踊る

全員、両手同時にガッツポーズしながら、
両足同時に跳ねて右に進む（全体には反時計回り）

おじぎしておしまい

23

絵本発売記念 スペシャル掲載！

絵本
『かっぱの たんたん
つりに いく』
大好評発売中！

釣ったか？たんたんたん

☆「釣ったか？たんたんたん」の楽譜は『ひろみち＆たにぞうの 運動会やるってよ！』に掲載。同題のCDはキングレコードより発売されています。

前奏

輪になって手をつなぎ、リズムにのる

1番 おいけのまわりで〜
たんたんたん

手をつないだまま
時計回りに進む

なにがつれ

(A)

❶
❷
❸

手をあげながら
輪の中心に向かって3歩進む

た？（へい！）

へい！

片足のひざをあげながら
「へい！」と叫ぶ

なにがつれた？

❶
❷
❸
❹

手をさげながら
4歩下がる

めだかつれた？
（へい！）〜
めだかつれた？

(A)をくり返す

しっかり

手を離して右を向き、
右手をあげて竿をにぎるまねをする

にぎって

左手も
にぎるまねをする

つったか
たんたんたん

ひざを
3回曲げる

へい！へい！へい！へい！
……（16拍）

中心を向いて左手のひらを出し、
右手で「左手のひらをたたき、
右隣の人の左手をたたく」×8回

へい！へい！へい！へい！
……（16拍）

手を左右入れかえて、
おこなう

（4拍）

釣り竿をにぎって
うしろに振りかぶるまねをする

（4拍）

釣り竿を輪の中心に向かって
振るまねをする

つったか？

釣り竿をあげて
釣ったまねをする

つったよー！

両手のひらを下に向け体のわきにつけ、
足をのばしたまま
ぴょんぴょん外側へ跳ねる（釣られた魚のまね）

間奏（8拍）

位置に戻り、
手をつないで輪になる

2番 **3番**

1番と同じ

やったね！

両手をあげて、跳ねて1周して、
バンザイポーズでおしまい

帰ってきた
Game
競技！

2章

CD▶2　CDマーク内の番号は、キングレコードより発売のCD「帰ってきた運動会！」の
トラックナンバーです。CDに関する詳細は、72ページをご覧ください。

BGM　ぎゅっぎゅっぎゅ〜！

CD　「ぎゅっぎゅっぎゅ〜！」はキングレコードより発売のCD「ぎゅっぎゅっぎゅ〜！」に収録されています。

制作アイデア　写真 ▶ P.5　作り方 ▶ P.6

＼ 親子でぎゅ〜♡ ／

競技の手順

スタート
親子で並び、合図でスタート。

1
橋ゾーンで子どもがロープの上を歩く。抱っこの場合は親がロープの上を歩く。

2
ぎゅっゾーンでは、フープの中でぎゅっと抱き合い「1・2・3」と数える。

3
ハイハイゾーンでマットの上をハイハイして進む。

4
もう一度、フープの中でぎゅっと抱き合い「1・2・3」と数える。

5
ゴールしたらプレゼントの冠をもらう。

スタート

自分で歩くか抱っこしてもらうかは、子どもの気もちに任せてOK

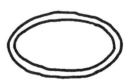

橋ゾーン

ぎゅっゾーン

用意するもの

◆コースに置くもの
ロープ
フープ
マット

◆保育者が持つもの
プレゼントの冠

普段の保育で

1歳児なら、保育者が手をつないで支え、ロープの上を歩くあそびをしましょう。

大勢の観客のなかで不安に感じる小さな子どもたちも、親にぎゅ〜っとしてもらうことでまた少しがんばれます！

> ぎゅ〜♡
> 1・2・3

ゴール

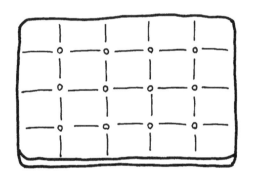

> まだハイハイができない子は、親が抱っこしたままひざやおしりで進むことにする

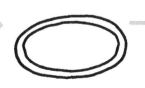

> 0・1歳児は身に着けるものを嫌がることがあるので、ゴールしたときに渡すと思い出になる

ハイハイゾーン

ぎゅっゾーン

はりきりお手伝いマン

競技の手順

スタート	1	2	3
親子で並び、かごを持ち、合図でスタート。	洗濯物ゾーンで洗濯物（タオルなど）を1枚とってかごに入れる。	物干しゾーンで、親が子どもを抱き上げ、子どもがタオルをロープにかける。親が洗濯ばさみでとめる。	かごを持ってゴール。

スタート

かごが人数分ないときは、スタートする組に渡すようにする

中古のハンカチやはぎれを用意するとカラフルな物干しになっていい

洗濯物ゾーン

用意するもの

◆ コースに置くもの
　たらい
　洗濯物（タオルなど）

◆ 子どもが身に着けるもの
　エプロン

◆ 子どもが持つもの
　持ち手つきのかご

◆ 保育者が持つもの
　洗濯ロープ
　（洗濯ばさみをつけておく）

普段の保育で

低い位置でタオルを
ロープや柵にかける
あそびをしておきま
しょう。

お手伝いをたくさんし
たい1・2歳児。エプロ
ン姿ではりきってお手
伝いをするようすが
かわいいですよ！

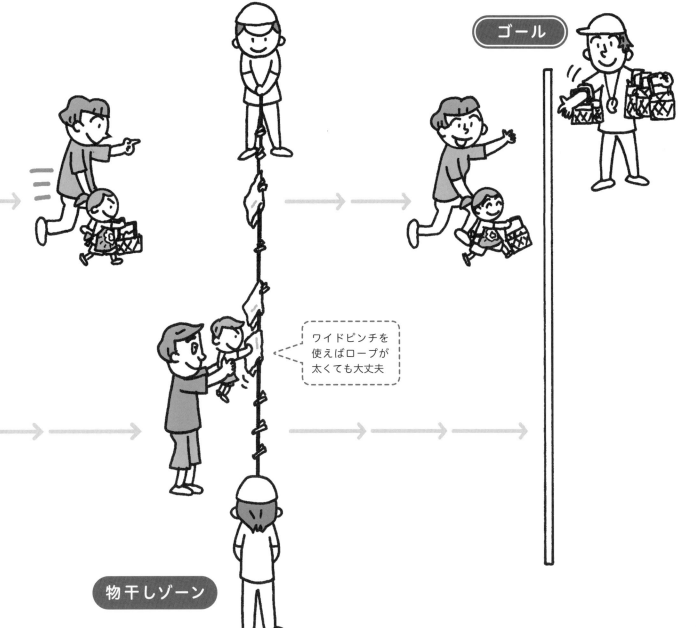

ゴール

ワイドピンチを
使えばロープが
太くても大丈夫

物干しゾーン

29

◆ BGM オッケー！ロケット ◆ CD 「オッケー！ロケット」はキングレコードより発売の CD「ぎゅっぎゅっぎゅ〜！」に収録されています。 ◆ 制作アイデア 写真 ▶ P.5 作り方 ▶ P.6

ロケットに変身だ！

	スタート	1	2	3	4
競技の手順	親子で並び、合図でスタート。	炎ゾーンで子どもが炎スカートをはく。	帽子ゾーンで子どもがロケット帽子をかぶり、ロケットコスチュームの完成。	フープの中で、親が子をたかいたかいして、ロケット発射。	子どもをおろしてゴール。

スタート

衣装を使ってあそんでいた場合は、ウエストのゴムが切れていないかなど前日までにチェックしよう

炎ゾーン

用意するもの

◆コースに置くもの
炎スカート
ロケット帽子
フープ

普段の保育で

衣装をつけるのが初めてにならないように、ロケットコスチュームを着てなりきるあそびをしておきましょう。

元気でかわいいロケットがつぎつぎ発射！ 親子のコミュニケーションが鍵になる競技です。

ロケット帽子はあごひもをしっかりかけるよう伝える

ゴール

保育者がマイクを使い「3・2・1・発射！」と声をかけ盛り上げてもいい

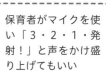

帽子ゾーン

発射ゾーン

◆ BGM ウ～！ウォンバット ◆ 楽譜 ▶ P.58 ◆ CD ▶ 5 ◆ 制作アイデア 写真 ▶ P.3 作り方 ▶ P.7

進め！ウォンバット

競技の手順

スタート	1	2	3	4
合図でスタート。	草ゾーンですずらんテープをジャンプして進む。	変身ゾーンでウォンバット帽子をかぶる。	トンネルゾーンでトンネルをくぐる。	早くゴールした子の勝ち。

草ゾーン

普段の子どものようすを覚えて、その子に合わせた高さにしよう

変身ゾーン

帽子が汚れないようにシートやかごを置き場にしよう

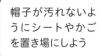

トンネルは段ボール箱を2つほどつなげて作る。ふたの1枚を残してのばしておくと、出入りしやすい

トンネルゾーン

用意するもの

◆コースに置くもの
ウォンバット帽子
シートやかご (帽子置き場)
トンネル (段ボール箱で作る)

◆保育者が持つもの
すずらんテープ (緑)

ウォンバットの歌が流れるなか、かわいいウォンバットに変身して競走しましょう。応援している子どもたちが歌に合わせて「ウォンバット!」とかけ声をかければ、いっそう盛り上がります。

スタート

普段の保育で

床に置いたテープをジャンプする遊びから始めて、少し高さを上げたテープを跳び越えられるようにあそんでおきましょう。

帽子は
ぼくにね

ゴール

33

◆ BGM ポンポコ リンリンリン ◆ 楽譜▶P.64 ◆ CD▶8

おいしいお米できました！

	スタート	1	2	3	4	5
競技の手順	白米チームと赤米チームに分かれ、合図でスタート。	収穫ゾーンで玉（お米）を拾って、農作業ゾーンへ進む。	ラインの手前から保育者の一輪車か背負いかごをねらって玉入れをする。	合図で自分の陣地に戻る。	一輪車と背負いかごに入った玉の数をかぞえる。	入った玉の多いチームの勝ち。3回戦おこなう。

保育者は農家の人になりきって、ゆっくり行き来する。玉が飛んでくるのでヘルメットをかぶろう

農作業スタイル

スタート

線から出ないようにね

収穫ゾーン

農作業ゾーン

用意するもの

◆**コースに置くもの**
赤玉・白玉

◆**保育者が持つもの**
手押し一輪車

◆**保育者が身に着けるもの**
背負いかご
ヘルメット（農作業用の帽子らしく後ろに垂れを付ける）

普段の保育で

最初は止まったかごから始め、慣れてきたら動く一輪車やかごをねらって、玉入れの遊びを楽しみましょう。

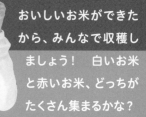

おいしいお米ができたから、みんなで収穫しましょう！ 白いお米と赤いお米、どっちがたくさん集まるかな？

1回戦目は一輪車のみ、2回戦目はかごのみ、3回戦目は両方に入れることにしてもGOOD！

たくさん収穫してね

入れ！

スタート

農作業ゾーン

収穫ゾーン

35

◆ BGM まいにちそだてマッチョ ◆ 楽譜▶P.54 ◆ CD▶3 ◆ 制作アイデア 作り方▶P.7

レッツ・トレーニング！

競技の手順

スタート
親子で並び、合図でスタート。

1
カードゾーンでカードを1枚選んでめくる。

2
ダンベルカードが出たら、親が子どもを両手で持ち上げて進む。

3
スクワットカードが出たら、親が子どもをおんぶして進む。

4
トレーニングゾーンで、その姿勢のまま屈伸5回。

5
子どもをおろして走る。早くゴールした親子の勝ち。

スタート

親子が戻したカードはまた伏せて置く。ときどき位置を入れ替えよう

おんぶするよ

スクワットだね！

カードゾーン

用意するもの

◆コースに置くもの
ダンベルカード
スクワットカード

普段の保育で

ぬいぐるみなどを子ども役にして、子どもが親の役をして楽しみましょう。カードの意味を覚えておくと当日もスムーズです。

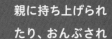

親に持ち上げられたり、おんぶされたりする、子どもが大喜びの競技です。祖父母が保護者の場合もあるので無理をしないように対応しましょう。

ホイホイッ

1・2・3・4・5！

ガンバレー

1・2・3・4・5

ホッホッ

無理な人は回数を減らしたり、5つ数えるだけに変更

ゴール

トレーニングゾーン

37

BGM ポンポコ リンリンリン｜楽譜 ▶ P.64｜CD ▶ 8｜制作アイデア 写真 ▶ P.3 作り方 ▶ P.7

おにぎり3つゲットだぜ！

競技の手順

スタート	1	2	3	4	5
リュックを背負い、合図で1人ずつスタート。	丸ゾーンで丸いおにぎりをリュックに入れる。	三角ゾーンで三角のおにぎりをリュックに入れる。	四角ゾーンで四角いおにぎりをリュックに入れる。	3種類のおにぎりを入れたリュックを背負ってゴールへ走る。	早くゴールした子の勝ち。

丸ゾーン

ひとつ入れたらリュックを背負ってから走る、という練習をしておこう

三角ゾーン

四角ゾーン

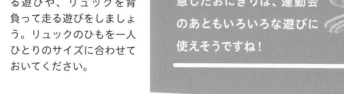

用意するもの

◆ 子どもが身に
  着けるもの
  リュック

◆ コースに置くもの
  おにぎり3種
  （丸、三角、四角）

普段の保育で

おにぎりをリュックに入れる遊びや、リュックを背負って走る遊びをしましょう。リュックのひもを一人ひとりのサイズに合わせておいてください。

子どもたちが大好きなおにぎりを集めて走る競技です。たくさん用意したおにぎりは、運動会のあともいろいろな遊びに使えそうですね！

スタート

スタート前に、子どもたちがリュックをきちんと背負えているか、ひもが緩んでいないかをチェックしよう

子どもの人数やスペースによって、おにぎりをぜんぶ混ぜて置いておき、丸・三角・四角を選んで入れるルールにしてもいい

ゴール

◆ BGM かさぶたちゃん♡はがさないで ◆ 楽譜▶P.60 ◆ CD▶6 ◆ 制作アイデア 作り方▶P.7

助けて！レスキュー隊

競技の手順

スタート	1	2	3	4	5
2チームに分かれ、2人1組で担架を持って合図でスタート。	救出ゾーンでぬいぐるみを担架にのせる。	病院ゾーンへ走り、病院コーンを回って戻る。	救出ゾーンでぬいぐるみを台に戻す。	次の組に担架を渡す。	早く全員ゴールしたチームの勝ち。

スタート

ゴール

台をベッドに見立て、「戻したらタオルの布団をかける」など条件を増やしてもいい

救出ゾーン

40

用意するもの

◆子どもが持つもの
担架

◆コースに置くもの
ぬいぐるみ
ぬいぐるみを置く台
病院コーン

普段の保育で

担架を2人で持ち、横向きに走る練習をしましょう。ぬいぐるみを落とさないようにコーンを回るにはどうしたらいいかをみんなで相談してみましょう。

担架はぬいぐるみがのるサイズで、あまり大きくない方が走りやすいでしょう。急いでぬいぐるみの扱いが乱暴にならないように優しく運びましょう。

ぬいぐるみが落ちたら、その場で拾ってのせなおす

コーンのまわりにライン引きで矢印を書いておくと、子どもにわかりやすい

エッホ
エッホ

帰ろう

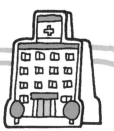

病院ですよー

病院ゾーン

BGM　だるま気分でロケンロー　　楽譜▶P.56　　CD▶4

急ぐぞ止まれ！

スタート	1	2	3	4	5
合図で1人ずつスタート。	うまゾーンで草のあいだをジグザクに進む。	さるゾーンでマットの上を横に転がって進む。	うさぎゾーンでフープをジャンプして進む。	とちゅうで保育者が「だるまさんが…」と言うあいだは進み、「ころんだ！」で止まる。	早くゴールした子の勝ち。

「だーるーまーさーんーがー」とゆっくり言ったり、急に速く言ったり、緩急をつけるとおもしろくなる

スタート

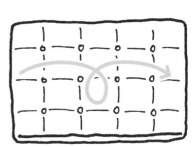

だーるまさんがーーーーころんだ!!

草は、段ボールを三角になるように組み立て、上部をギザギザに切って作る

ピタッ

うまゾーン　　　　さるゾーン

用意するもの

◆コースに置くもの
草（段ボールで作る）
マット
フープ（1コースに2～3個）

普段の保育で

「だるまさんがころんだ」の遊びを楽しんで、慣れておきましょう。

ゴールへ急ぎながら保育者の声を聞いて止まるというのは簡単ではありませんが、普段から遊べばできるようになります。止まっているときのポーズや表情にも注目してください！

ゴール

STOP!
ピタッ

「ころんだ！」のあとは間を置いて、コース中にいる子どもが止まったことを確認しよう

あと少しなのに～

ピタッ

ガマン！

うさぎゾーン

燃えあがれ！ししまいリレー

競技の手順

スタート	1	2	3
2チームに分かれ、2人1組で獅子に入り、合図でスタート。	コーンのところはジグザグに走る。	次の組に獅子を渡す。	早く全員ゴールしたチームの勝ち。

スタート

ゴール

子どもたちのようすを見て、コーンの数や位置を決めよう

用意するもの

◆子どもが持つもの
獅子

◆コースに置くもの
三角コーン

普段の保育で

獅子を持ちながら走る遊びをしましょう。ようすを見ながら、ペアを替えたり、前後を替えたりして、走りやすいように決めていきましょう。

ジグザグに走ると、獅子舞のように踊って見えてカッコいいですよ。息を合わせて走る2人のチームワークも大切です。

子どもの人数やトラックの大きさによって、半周で次の組に交替してもいい

BGM いっしょにプレイパーク | 楽譜▶P.62 | CD▶7

遊ぼう☆プレイパーク

競技の手順

スタート
ボールを持って親子でスタート。

1
トランポリンゾーンでフープの中に親子で5回ずつボールをつく。

2
ボウリングゾーンで親が足をひろげて立ち、子どもが足のあいだにボールを転がす。

3
キャッチャーゾーンで親子で向かい合い、ボールをおなかではさみ、かごまで横歩きで進む。かごにボールを入れる。

4
早くゴールした親子の勝ち。

スタート

1・2・3・4・5！ 交たい！

ストライク!!

えいっ

コロコロ コロ…

普段の遊びを見ながら、ボールをつく回数を決めよう

足のあいだを通せなかったとき、やり直すか、そのまま進んでいいかを決めておく

あ～！ はずれた～

コロコロコン！

トランポリンゾーン

ボウリングゾーン

用意するもの

◆親子が持つもの
ボール

◆コースに置くもの
フープ
かご

普段の保育で

ボールをつく遊びや、子どもどうしでボールをはさんで歩く遊びを楽しんでおきましょう。

親子で協力してミッションをひとつひとつクリアしていきます。勝ち負けよりも親子が楽しむことをだいじに声かけをしてください。

ゴール

ボールが落ちてしまったら、もう一度はさんでその場所からやり直す

コロッ

拾うよー

キャッチャーゾーン

よし！ゴールして！

ししまいバルーン

（16拍）
こころのおくに　かくれてる

バルーンの中に入って待つ

（8拍）
ししがそろそろ

1人置きになるように半数が出てきて、
両手の人さし指を頭にあて、うつむく

（8拍）
めをさます

残りの半数も出てきて
同じポーズをする

（16拍）
はなにあつまる 〜 まいおどれ

Ⓐ

片ひざをつき、横にゆらす
（横波）

（8拍）
こころのたいこ

片側半数が立つ

（8拍）
うちならせ

しゃがんだままの半数が
上下にゆらす

（1拍）
ハッ！

右手を離して外に向かって
獅子のポーズ

（16拍）
ハッ！　ハッ！　ハッ！

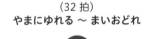

両手でバルーンを持ち、
準備する

（32拍）
やまにゆれる 〜 まいおどれ

Ⓐをくり返す

（16拍）
せいぎのたいこ　うちならせ

Ⓑ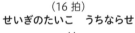

立ち上がり、バンザイをして中心に向かって走り、
もどる（パラシュート）

（32拍）
ヨ〜！ 〜 （ソレソレソレソレ）

バルーンをまるめて持つ

（32拍）
ソレ（ソレ） 〜 （ソレソレソレソレ）

バタバタ振って獅子舞のように踊る

（24拍）
ハッ！　ハッ！　ハッ！

ひろげて持って立ち、準備する

（64拍）
かみをなびかせ
〜 もえあがれ

Ⓐ
↓
Ⓑ
をくり返す

バルーンを獅子の体のように揺らして踊りましょう。迫力とチームワークを感じる競技です！

（8 拍）
ハッ！　ハッ！

おしりを振る

（8 拍）
ハッ！

内側を向いて
バルーンを持つ

（16 拍）
かぜにゆれる 〜 まいおどれ

Ａ

上下にゆらす
（大波）

（8 拍）
きみのこどうよ

立つ人としゃがむ人が交替

（8 拍）
もえあがれ

しゃがんだ半数が
上下にゆらす

（7 拍）
いわをくだく　ししになれ

ピョン
ピョン

全員立って
7回ジャンプする

（16 拍）
ぼくのこどうよ　もえあがれ

パラシュートを
もう一度くり返す

（7 拍）
やまをくだく　ししになれ

バルーンを踏んで
外に向いて立つ

（1 拍）
ハッ！

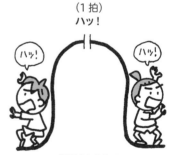

ハッ！　ハッ！

両手をかまえて
獅子のポーズ

（40 拍）
すべてをくだく 〜 もえあがれ

パラシュートを作り、中に入る。
バルーンの中で外を向いてしゃがむ

（16 拍）
すべてをくだく　ししになれ

保育者がバルーンを取り払う

（1 拍）
ヤーッ！

ヤーッ！

片ひざをついて両手をかまえ、
獅子のポーズ

◆ **BGM** 青空にむかって ◆ **楽譜** ▶ P.52 ◆ **CD** ▶ 2 ◆ **制作アイデア** 写真 ▶ P.4　作り方 ▶ P.8

王様・殿様にお届けだ！

用意するもの

◆ 子どもが持つもの

剣（王様チーム）
刀（殿様チーム）

◆ コースに置くもの
お城コーン2種

競技の手順

スタート
王様チームと殿様チームに分かれ、3・4・5歳で3人1組になって並ぶ。王様チームは剣、殿様チームは刀を3人で持って、合図でスタート。

1
お城コーンを回って戻る。

2
次の組に剣・刀を渡す。

3
早く全員ゴールしたチームの勝ち。

スタート

ゴール

普段の保育で

4・5歳児が3歳児に合わせて歩いたり走ったりする遊びをしておきましょう。

コーンのまわりにライン引きで矢印を書くといい

3歳児を真ん中に、5歳児はコーンを回るときの外側にして、3人の足並みがそろうように練習しましょう。

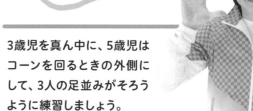

帰ってきた ピアノ！

Piano

3章

CD▶2　CDマーク内の番号は、キングレコードより発売のCD「帰ってきた運動会！」の
トラックナンバーです。CDに関する詳細は、72ページをご覧ください。

51

ダンス ▶ P.10 ◆ 競技 ▶ P.50 ◆ CD ▶ 2

青空にむかって

作詞／佐藤弘道・谷口國博
作曲／谷口國博
編曲／本田洋一郎

Point 右手の歌の合間の音はラッパのように高らかに、左手の四分音符は次の音と続けずにチューバのように1音1音に区切りをつけて弾きます。歌詞「1・2」の左手は3連符で勢いをつけましょう。

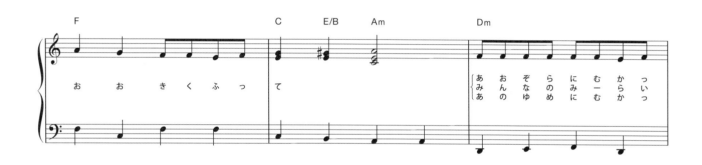

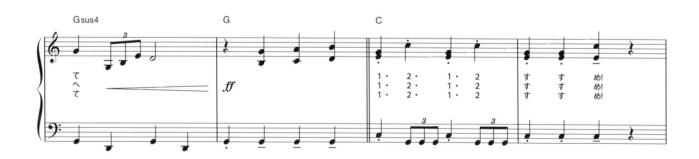

まいにちそだてマッチョ

作詞／佐藤弘道・谷口國博
作曲／谷口國博
編曲／本田洋一郎

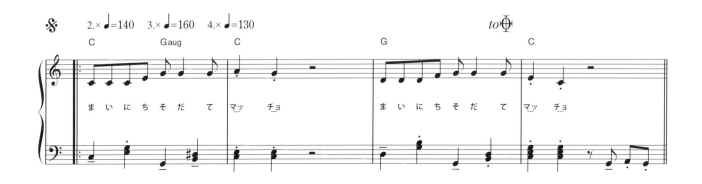

Point イントロはさわやかに。歌のときの左手スタッカートは音を素早く切り、テヌートは音符の長さぶんしっかりと伸ばします。テンポが次第に速くなるので1番は特にゆっくりと弾きましょう。

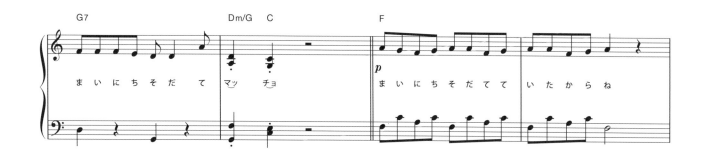

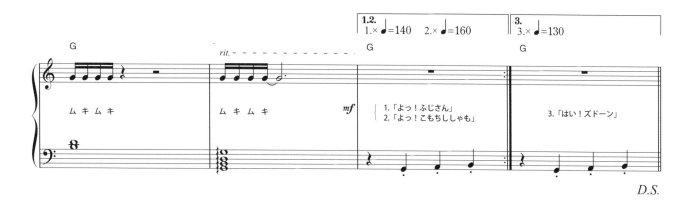

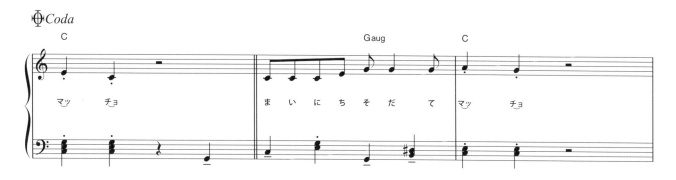

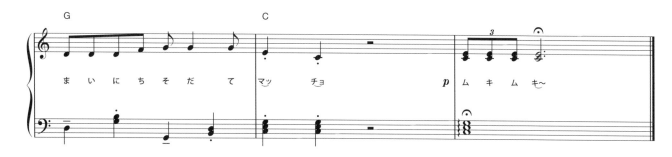

だるま気分でロケンロー

作詞／佐藤弘道・谷口國博
作曲／谷口國博
編曲／本田洋一郎

♩=190 Original Key=D

「だるまさんが ころんだ!」

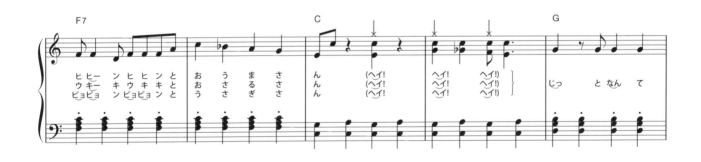

テンポ記号の右にあるように、八分音符は常に跳ねます。イント
ロ3小節目の2拍3連は強調し勢いをつけましょう。間奏の右手
はロカビリー・ギターをかき鳴らすように弾きます。

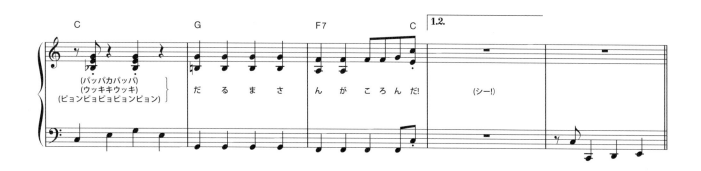

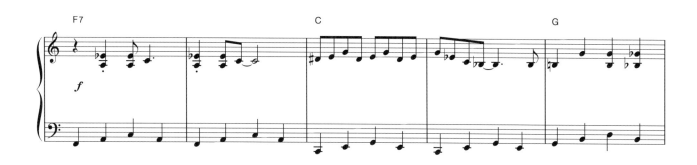

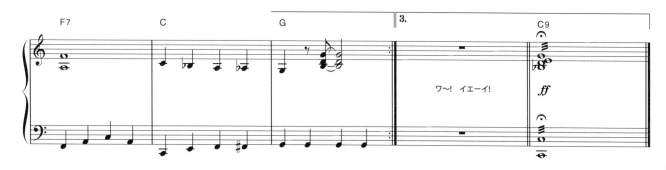

ダンス▶P.14　◆　競技▶P.32　◆　CD▶5

ウ〜！ウォンバット

作詞／佐藤弘道・谷口國博
作曲／谷口國博
編曲／本田洋一郎

Point イントロの4小節間はリズムよく弾きましょう。歌のとき左手は四分音符ですが、スカというジャンル独特の八分音符の裏拍（8ビートで2・4・6・8）を意識してスピード感を出します。

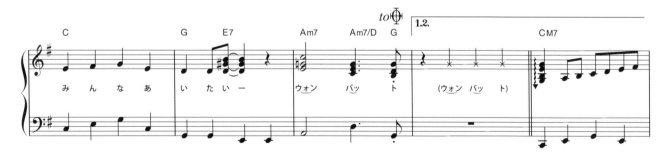

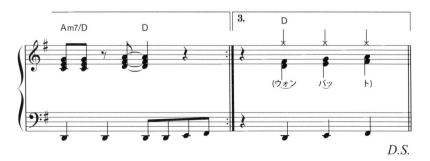

D.S.

かさぶたちゃん♡はがさないで

か　さ　ぶ　た　ちゃん　　きにしない　さわらない　はがさない　ー

か　さ　ぶ　た　ちゃん　　きにしない　さわらない　はがさな　い

ころんでちがでて　イタタタタ　　ひざー／ひじー／おでこ　のすりきず

作詞／佐藤弘道・谷口國博
作曲／谷口國博
編曲／本田洋一郎

Point 歌のあいだは跳ねた感じに弾き、左手の八分音符の裏拍をスタッカートで弾くことで可愛さとワクワク感を出します。細かいフレーズは力を抜いて弾きましょう。

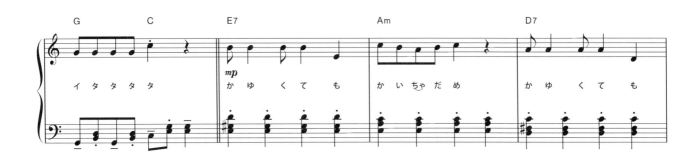

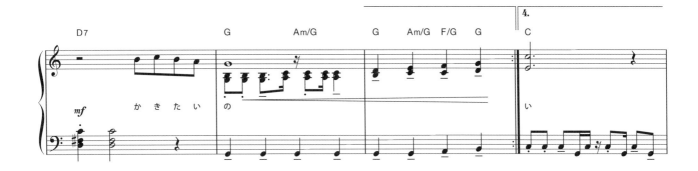

いっしょにプレイパーク

作詞／佐藤弘道・谷口國博
作曲／谷口國博
編曲／本田洋一郎

♩=150　Original Key=D

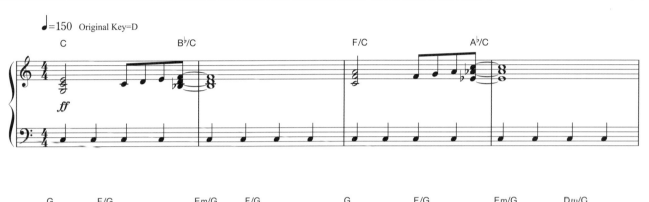

でかけよう ー （オー!）　いってみよう ー （オー!）

おやこで いっしょにー あそぼうよー　プレイパークー

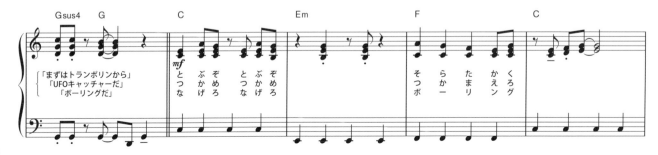

「まずはトランポリンから」
「UFOキャッチャーだ」
　　「ボーリングだ」

とぶぞ ぶぞ とぶぞ ぶぞ
つな げろ めろ つな げろ めろ

そらたかく
つっぱめボーリング

ポンポコ リンリンリン

作詞／佐藤弘道・谷口國博
作曲／谷口國博
編曲／本田洋一郎

♩=90　Original Key=Bm

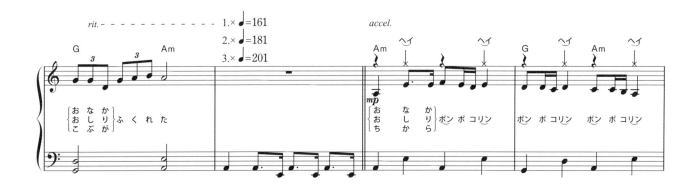

Point ケルト音楽という不思議な雰囲気を感じるジャンルの曲です。サビに「accel.」とあるように、少しずつテンポを速くしていきます。リピート前の1小節で、もとのテンポにしっかり戻しましょう。

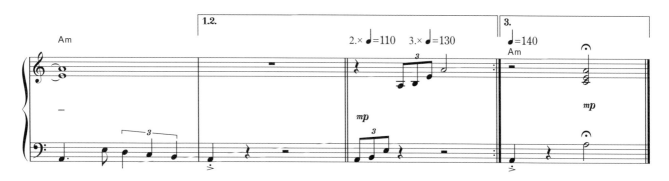

獅子舞 —SHISHIMAI—

作詞／佐藤弘道・谷口國博
作曲／谷口國博
編曲／本田洋一郎

Point 左手の低い2音で和風な曲の重厚さを出します。間奏の右手は笛をイメージしてコロコロと小気味よく弾きましょう。途中左手の動きが難しい場合はコード最初の2音をくり返してください。

D.S.

67

子どもっていいね。

作詞・作曲／谷口國博
編曲／本田洋一郎

♩=94　Original Key=E

Point 子どもと接する大人の気もちを歌ったメッセージソングです。休符が少ないので息つぎをしっかり大きくとりながら、伴奏は歌に寄り添うウクレレのようにゆったりと弾きましょう。

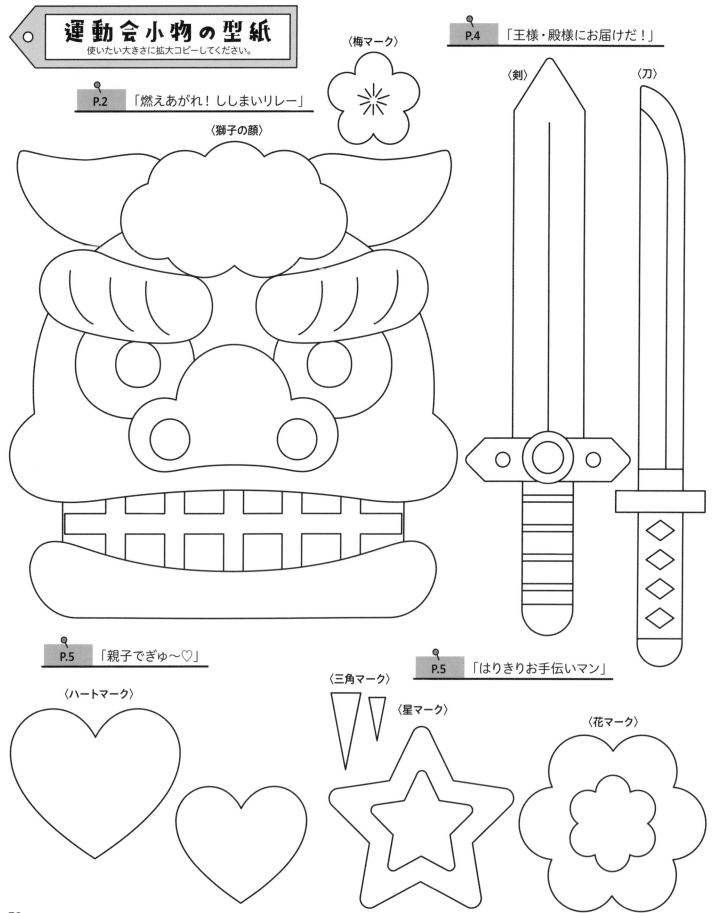

運動会小物の型紙
使いたい大きさに拡大コピーしてください。

P.2 「燃えあがれ！ししまいリレー」

〈獅子の顔〉

〈梅マーク〉

P.4 「王様・殿様にお届けだ！」

〈剣〉 〈刀〉

P.5 「親子でぎゅ〜♡」

〈ハートマーク〉

〈三角マーク〉

〈星マーク〉

P.5 「はりきりお手伝いマン」

〈花マーク〉

Contents

(著者紹介)

佐藤弘道(さとうひろみち)　日本体育大学体育学部卒業。1993年4月よりNHK Eテレ「おかあさんといっしょ」第10代体操のおにいさんを12年間務める。2002年有限会社エスアールシーカンパニーを設立し、正課体育・課外体操教室、講演会、研修会など全国で活動。弘前大学大学院医学研究科博士課程修了(医学博士)。弘前大学医学部非常勤講師、朝日大学客員教授、大垣女子短期大学客員教授、タレント業、舞台、イベントなど多方面で活躍。著書『ひろみちお兄さんの運動あそび』、『ひろみち&たにぞうの運動会』シリーズ、『親子でからだあそび』、絵本『さかあがり』(以上、世界文化社) など。
https://src-company.co.jp/

谷口國博(たにぐちくにひろ／たにぞう)　東京都八王子市の保育園に5年間勤務した後、フリーの創作あそび作家になる。全国の保育園・幼稚園の先生方の講習会、親子コンサートなどで活躍中。NHK Eテレ「おかあさんといっしょ」の「ブンバ・ボーン!」の作詞・振り付け、他多数楽曲提供。沖縄県渡嘉敷村観光大使、山梨県富士河口湖町観光大使、森の親善大使としても活躍中。著書に保育図書『ひろみち&たにぞうの運動会』シリーズ、絵本『うちのかぞく』シリーズ、エッセイ『たにぞうの一球ノーコン』(以上 世界文化社)、CD『ひろみち&たにぞうの運動会』シリーズ (キングレコード) など。
http://www.tanizou.com/

- ●著者／佐藤弘道　谷口國博
- ●振り付け／佐藤弘道　谷口國博 監修。佐藤久美子・亀井教人・佐藤文哉)
  - (有)エスアールシーカンパニー(佐藤久美子・亀井教人・佐藤文哉)
  - OFFICE TANIZOU(株)(榎沢りか・西川あおい・上條わかな・谷口ゆうせい)
- ●競技プラン／(有)エスアールシーカンパニー
- ●表紙イラスト／村上康成
- ●本文イラスト／友永たろ　マーブルプランニング　山口まく
- ●小道具制作／マーブルプランニング
- ●デザイン／ほんだあやこ
- ●楽譜浄書／高橋摩衣子　本田洋一郎
- ●モデル／(有)エスアールシーカンパニー　テアトルアカデミー
- ●撮影／中島里小梨(本社写真部)
- ●制作協力／早野佳代子(キングレコード)
- ●校正／株式会社円水社
- ●編集協力／青木智子
- ●販売／秋元祐哉
- ●製作／杉原康郎
- ●編集企画／飯塚友紀子　塩坂北斗

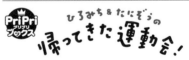

PriPri プリプリブックス　ひろみち&たにぞうの 帰ってきた運動会!

2023年5月5日　初版第1刷発行

著　者／佐藤弘道　谷口國博
発行者／大村　牧
発　行／株式会社世界文化ワンダーグループ
　　　　〒102-8192　東京都千代田区九段北4-2-29
電　話／03-3262-5115(在庫についてのお問い合わせ:販売部)
　　　　03-3262-5474(内容についてのお問い合わせ:編集部)
印刷・製本／図書印刷株式会社